AF357226

L'ESPAGNE

ET SES

COMÉDIENS EN FRANCE

Paris. — Imprimerie DUPRAY DE LA MAHÉRIE, boulevard Bonne-Nouvelle, 26
(Impasse des Filles-Dieu 5.)

L'ESPAGNE

ET SES

COMÉDIENS EN FRANCE

AU XVIIᵉ SIÈCLE

PAR

M. ÉDOUARD FOURNIER

(Extrait de la REVUE DES PROVINCES, du 15 septembre 1864.)

PARIS

IMPRIMERIE DUPRAY DE LA MAHÉRIE

BOULEVARD BONNE-NOUVELLE, 26 (IMPASSE DES FILLES-DIEU, 5).

1864

L'ESPAGNE & SES COMÉDIENS EN FRANCE

AU XVIIe SIÈCLE

Pendant le siècle troublé qui précéda celui de Louis XIV, le goût et le caractère des Français n'eurent pour ainsi dire rien de posé, ni d'original.

Au moyen âge, notre esprit avait mené les littératures. Partout on se faisait une gloire de nous suivre et de nous imiter (1). A partir du moment où l'antiquité nous envahit par sa renaissance à l'Italienne, les rôles changèrent; nous perdîmes celui d'initiateurs littéraires, pour prendre à notre tour celui d'imitateurs, que depuis par malheur nous n'avons pas assez souvent quitté.

Sous Louis XIV et sous Louis XV, le beau rôle nous revint, mais par l'influence des idées transmises et épurées plutôt que par leur originalité

---

(1) La plupart des contes et des fabliaux, dont notre moyen âge est si riche, étaient, par exemple, passés en Espagne, où, à cause de cette provenance toute française, on les appelait *fransias*. Je citerai quelques-unes de ces importations littéraires. Notre *Lancelot du Lac*, dont Ch. Magnin (*Revue des Deux-Mondes*, 1er août 1847, p. 517) a nié à tort la popularité au delà des Pyrénées, était devenu en Espagne presque aussi populaire que chez nous, et par lui-même et par les inventions accessoires qu'on y avait greffées sous formes de romances, telle que celle de *Lanzarote*, production tout espagnole sur un fond français. (V. *Don Quichotte*, part. I, ch. 13, et le recueil de Duran, t. IV, p. 22). La vieille Quitagnone, personnage de ce même roman de *Lancelot*, est devenu le type de toutes les duègnes des romans espagnols. Notre célèbre fabliau, la *Bataille de Carême et de Charnage*, recueilli par Barbazan, t. IV, p. 80, se trouve en Espagne, chez l'archiprestre de Hita, où il s'appela *Guerre de dona Quaresma avec don Carnal*. Il suffirait à lui seul pour prouver avec le roman de Lancelot, dont l'origine comme la sienne, est toute septentrionale, que l'influence de nos poëtes du nord, de nos trouvères sur la littérature castillane, si elle fut moins directe et partant moins vive que celle des troubadours provençaux, eut aussi pourtant son action incontestable.

même, car dans la littérature proprement dite, dont le théâtre est l'expression la plus directe et la plus vivante, l'antiquité ne nous avait pas encore affranchis de son joug. Nous le faisions du moins partager aux autres. S'ils le subissaient alors, ce n'était plus que par nos mains. Nous prenions ainsi une sorte de revanche de ce que nous avions dû subir nous-mêmes. Mais notre revanche réelle fut un peu plus tard dans l'hommage par imitation et par traduction qui nous fut rendu dans les pays où notre grand siècle lui-même avait le plus trouvé à imiter et à traduire, c'est-à-dire en Italie et en Espagne. Goldoni se faisant le fervent imitateur de Molière pour mieux accomplir son œuvre de régénération des théâtres d'Italie, et Moratin l'Espagnol traduisant avec un pieux amour l'*Ecole des Maris* et le *Médecin malgré lui*, nous dédommagèrent des emprunts que Molière avait faits aux théâtres d'Espagne et d'Italie, pour ces pièces mêmes, et pour bien d'autres, comme on le verra.

L'Italie fut la première dont, pour les modes de parure et de langage, nous nous fîmes les tributaires empressés, en dépit de notre rôle de conquérants et de dominateurs.

Depuis Charles VIII jusqu'à Louis XIII, on la vit, pour se venger de nos envahissements, nous conquérir par ses modes et sa littérature, par ses reines et par ses poëtes. Il en est ainsi presque toujours, et par là il se trouve que ceux qu'on croit vaincus sont les vrais vainqueurs. Vous les croyez pris, ils ne le sont pas, *nec capti potuere capi*. Qui plus est, ce sont eux qui vous prennent : vous leur imposez le joug de la force qui passe, ils vous imposent celui des usages, qui reste.

La France, victorieuse des Italiens et leur conquérante, n'avait bientôt plus été elle-même qu'une sorte d'Italie, pour le langage et pour le costume, comme Rome s'était fait grecque après avoir conquis la Grèce. Or, dit Henry Estienne (1) :

> Le Piémont donna commencement
> A ce vilain et pauvre changement ;
> Jeunes François qui alloient là combattre,
> Vouloient aux mots italiens s'esbattre ;
> Puis quand quelqu'un en France retournoit,
> Tous ces beaux mots à ses amis donnoit.

Notre langue, celle des gens de cour surtout, n'avait qu'une forme flottante. Ce n'était pas encore la *gueuse fière* dont Voltaire a parlé. On pouvait lui faire l'aumône, au besoin même elle la demandait. L'on accepta donc pour elle, avec l'enthousiasme de la vogue, une foule de mots d'importation

____

(1) 2ᵉ *Dialogue du nouveau langage françois italianisé*. — Nous n'insisterons pas davantage sur ce point si bien traité par M. Rathery dans son ouvrage : *Influence de l'Italie sur les lettres françaises*.

romaine ou toscane, dont la marque ne s'est pas encore tout à fait effacée, par leur frottement avec les autres mots auxquels ils étaient mêlés, et par leur active circulation dans le courant de l'esprit français.

Sous Louis XIII ce fut le tour de l'Espagne. D'impopulaire qu'elle était depuis la Ligue, où ses troupes avaient occupé Paris, elle devint tout d'un coup à la mode. La jeune reine que Madrid nous envoyait, fit le miracle. Avec Marie de Médicis, l'Italie avait fini son règne, avec Anne d'Autriche l'Espagne commença le sien. Ce ne furent pas deux reines, mais deux nations qui se succédèrent. La cour se fit castillane, comme elle avait été toscane. Le Louvre et les Tuileries se remplirent d'une cohue de confesseurs, de fauconniers, de dames d'atour, de cavaliers servants dont pas un n'était Français par la mise ou le langage, et encore moins par le cœur. C'étaient tous gens à la dévotion du roi d'Espagne, et créatures de la comtesse de Castro ou de l'ambassadeur duc de Monteleone.

Jusqu'alors l'Espagne n'avait eu que peu ou point d'action sur nos arts et sur nos mœurs. En échange de ce que nous n'avions cessé de lui envoyer, comme objets d'imitation toujours avidement saisis, nous n'avions guère reçu d'elle que quelques « joueurs de bas-instruments, » comme ce Jean de Cordova, l'aveugle, et ce Jean Fernandez qui se trouvaient, en 1457, aux gages du duc de Bourgogne (1), ou comme cette fille d'Espagne nommée Gracieuse, qui était en 1409 « menestrelle de la Royne (2). » L'Espagne en cela n'avait rien à nous prêter qui ne fût inférieur à ce que nous possédions. De l'aveu en effet des rares Castillans qui vinrent en France, au moyen âge, nos chanteurs l'emportaient sur ceux des autres pays. Guttiere Diez de Games qui fit la *Chronique de Pero Nino*, racontant le séjour de son héros chez la belle châtelaine normande, dont il fut quelque temps l'hôte et l'amoureux, s'extasie sur la beauté du chant qu'on faisait entendre aux dames, pendant leurs promenades. « Après le déjeuner, dit-il, madame et ses damoiselles montaient à cheval, sur les plus beaux palefrois des écuries de l'amiral, accompagnées des gentilhommes et chevaliers hôtes du château. Elles s'en allaient prendre un peu d'air dans la campagne, où elles tressaient des guirlandes de verdure, pendant qu'un chanteur leur faisait entendre des *lais, virelais, rondeaux, complaintes, ballades*, et *chansons* de toutes sortes, car les Français excellent dans l'art de chanter (3). »

Il nous venait parfois d'Espagne quelques danseurs de *morisque* qui s'ébattaient aux bals des princes (4) et à l'entrée des reines (5), mais le plus

(1) *Les ducs de Bourgogne*, 2e part , t. i, p. 470, nos 1819, 1820.

(2) *Collect. des meilleurs dissertations*, t. xix, p. 189,

(3) Voyez l'analyse de la curieuse chronique de Games dans la *Revue britannique*, de septembre 1835, p. 46.

(4) Voir le *Religieux de Saint-Denis*, liv. xiii, ch. xvi, — *Les ducs de Bourgogne*, 2e part., t. i, p. 254.

(5) *Cérémonial françois*, édit. in-fol., t. i, p. 758.

souvent, hormis quelques femmes attachées au service des princesses (I),
on ne rencontrait guère à la cour de Castillans ni de Castillanes.

Ce fut toute autre chose après l'espèce d'invasion espagnole qui suivit
l'arrivée en France de la fille de Philippe III.

On ne vit plus par les rues qu'Espagnols pimpants et superbes, portant,
ainsi que nous les représente Gabriel Naudé, dans son *Mascurat* (2) « des
moustaches recoquillées en cerceaux sous un nez à la judaïque, » des fraises
à neuf ou dix étages, des chapeaux « en pot à beurre, » et des épées dont la
pointe était aux pieds et la garde aux épaules. Ainsi se pavanaient en de
fières allures tous ces nouveaux venus de Madrid, et ainsi les offraient à
la risée si promptement éveillée des Parisiens une foule d'estampes qui,
étalées au pont Neuf ou au charnier des Innocents, n'avaient qu'à être
vraies pour être des caricatures.

Tous les satiriques du temps ont parlé de ces matamores, entre autres
Du Lorens, lorsqu'il dit qu'ils ne sont plus seulement à Madrid,

> Mais bien dedans Paris faisant les don Rodrigue (3).

Le ridicule n'empêche pas la mode, il la provoque même. En se moquant
des Espagnols, on les imitait d'autant plus. Partout on marcha, on se
vêtit, on parla, on écrivit *espagnolesquement*. Il fut de bon ton à Paris de
ne plus aller par les rues que le nez au vent, la tête haute et le regard inso-
lent, avec toute la désinvolture enfin de ces héros *gusmanesques* dont nous
a parlé la Fontaine, et qui devaient servir de types aux raffinés d'honneur,
dont l'ère commençait.

Un cavalier à la mode n'eût point osé alors se présenter à la cour s'il n'eût été
vêtu à l'espagnole d'un *collet à grande marge*, d'un *collet de senteur* (col-
leto de ambar), fait en peau de daim parfumée d'ambre (4), et si toute sa personne n'eût exhalé l'odeur de cette *eau d'Ange* (agua de angeles), déjà célèbre à Madrid au temps de Cervantes (5).

J'ai dit « un cavalier, » c'était le mot d'usage. Le *caballero* des Espagnols
nous en avait doté, comme leur *galàn* était devenu notre galant. *Cavalier*
et *galant*, c'est ce qu'il fallait être : savoir bien conduire l'intrigue, la *ma-
nigance* (manganilla) d'amour ; avoir cet air de magnifique singularité,
dont le mot *bizarro* était alors l'épithète flatteuse (6), et que notre mot
bizarre, qui en est le dérivé moqueur, qualifie encore mieux ; manier adroi-

---

(1) C'est ainsi que Marie de Médicis en avait toujours eu auprès d'elle. Voir Tallemant, édit. P. Paris, t. II, p. 273.

(2) Edit. in-4º, p. 187.

(3) Satires, 1624, in-8º, p. 19.

(4) *D. Quichotte*, traduct. L. Viardot, 1ʳᵉ édit., in-12, t. I, p. 303.

(5) *Ibid.*, t. III, p. 389.

(6) V. Tallemant. Édit. P. Paris. t. II, p. 199.

tement un *genèt* d'Espagne, le seul cheval à la mode en ce temps ; se railler
à point de la vieille et du barbon (*barba*), et surtout ne jamais laisser faiblir
ni s'abaisser la pointe de sa moustache à l'espagnole : voilà ce qui faisait le
cavalier accompli (1).

Le drap d'Espagne était le seul que pût se permettre, surtout pour l'époque des deuils de cour, un homme se piquant un peu d'être du bel air. Jusqu'au plus beau temps du règne de Louis XIV, lorsque Colbert s'efforçait de
faire prévaloir les produits de la France, il en fut ainsi. Le grand ministre
n'avait rien pu contre la mode. *Prenez,* dit le marchand de la satire de Furetière en 1666 (2) :

> Prenez du drap d'Espagne, aussi bien, à la cour,
> Tandis qu'elle est en deuil, c'est la mode qui court,
> Vous estes trop gentil pour mépriser la mode,
> Elle est tout à la fois honorable et commode :
> Outre que s'en vêtir c'est jouer au plus fin,
> C'est un si bon usé qu'on n'en voit pas la fin.

Les noms des couleurs à mettre sur les habits se ressentirent aussi de l'influence en vogue. C'étaient, pour les pourpoints et les robes les mieux
portées, les couleurs de *Castillane réjouie* et d'*Espagnol mourant.* Il n'y
eut pas jusqu'à l'usage où l'on était alors de se faire suivre par une troupe
de valets en livrée, qui ne fût, lui aussi, d'importation espagnole.

Le nom de laquais, donné à cette valetaille insolente et armée, suffirait
pour en faire foi ; il a, en effet, son étymologie dans le mot espagnol *lacayo,*
qui vient lui-même de l'arabe *lakitha* ou *lakaïtha,* enfant trouvé. Enfin,
c'est encore à l'Espagne qu'il faut renvoyer l'invention de ces *alcôves* qui
commencèrent d'abriter sous leurs courtines le lit bleu d'Arthénice et le cercle
des fidèles, ses *alcovistes.* En important cette mode galante qui devait
immortaliser chez nous les *ruelles* poétiques, nous faisions un double emprunt aux Espagnols : nous prenions un usage à leurs mœurs, un mot à
leur langue. *Alcôve* est, en effet, formé de l'*alcoba* espagnol, sous lequel
l'arabe *alcobba,* voûte, dôme, se laisse facilement deviner.

L'ameublement s'était fait à l'avenant de cette première mode. C'était à
qui encombrerait le mieux sa chambre de ces grands coussins qu'on appelait
almohada (3) ; à qui aurait, comme en Espagne, dans les mois d'hiver, les
plus riches braseros d'argent ciselé (4). Or, figurez-vous dans ces ap-
partements, accommodés beaucoup moins à la française qu'à la castillane,

(1) Nous devons beaucoup, pour ces derniers détails, à l'excellent volume de
M. Philarète, *Etudes sur l'Espagne,* p. 109–113.

(2) *Satires* de Furetière, 1666, in-12, la *Satire des marchands.*

(3) *Lettres de madame de Villars,* etc., 1805, in-12, t. I, p. 20, 29.

(4) *Mémoires* de Coulanges, publiés par M. Montmerqué, p. 376. — V. aussi sur
ces *brazeros* d'argent ciselé un des excellents articles de M. P. Mantz sur l'orfévrerie
(*Gazette des Beaux-Arts,* 1er mai 1861, p. 135).

tout un monde se faisant gloire de parler la langue du pays à la mode, au risque de la mal prononcer (1); des poëtes récitant de ces *romances* ou *gloses*, comme on disait (2), qui étaient rhythmés sur l'allure des stances de Gongora (3), et autres auteurs en vogue à Madrid; des chanteurs râclant de la guitare castillane (4) pour accompagner ces vers à la mode de Castille; des bouquetières espagnoles venant vous offrir des fleurs de leur pays, et surtout de cet odorant jasmin dont le parfum était alors chose nouvelle (5); des valets apportant la *chocolate*, préparée à l'espagnole, ou bien les *naipes* (cartes à jouer), pour faire une partie d'*hombre* ou de *hocca;* des danseurs ne voulant plus d'autres danses que la *passacaille* (6), la *seguédille*, la *sarabande* (7), ou les *Folies d'Espagne* (8) : et vous vous croirez certainement bien moins à Paris qu'à Madrid.

Louis XIV avait aidé dans sa jeunesse à cette invasion des mœurs d'Espagne, et ne s'en était pas repenti dans sa vieillesse. Ce qui lui rappelait le

(1) Tout le monde alors, parmi les gens du monde ou les lettrés, savait l'espagnol. Richelieu le parlait et l'écrivait, comme le prouvent quelques lettres de sa main qui sont dans les *Archives de Simancas*, cot. A, 47¹⁷; Corneille le savait aussi, comme nous le ferons voir par un document nouveau, dans un prochain article. Racine nous apprend dans une des lettres de sa jeunesse qu'il l'avait étudié, ainsi que l'italien, et l'on verra plus bas que Molière le parlait. Voiture, qui en était engoué comme de toute chose à la mode, écrivait à Costar : « Apprenez un peu l'espagnol, quand ce ne seroit que pour ne pas nous rompre tant la tête avec votre italien. »

(2) « Ce sont, dit Furetière, deux sortes de poésies françaises, imitées depuis peu des Espagnols, dont on voit des exemples dans Voiture et Sarrazin. » *Nouvelle allégorique*, etc., 1657, in-8°, p. 71.

(3) La célèbre chanson de Malherbe

Qu'autres que vous soient adorées,
Qu'autres que vous soient désirées ;
Cela se peut facilement, etc.

et toutes celles du même genre sont dans le goût de ces chansons qu'on appelait en Espagne *Copla de arte memor*. Celle de Regnier Desmarets, où alternent à chaque couplet les *je le crois bien*, et les *je n'en crois rien*, est, de l'aveu de l'auteur lui-même, une imitation de Gongora. Notes mss. sur le *Menagiana* dans le *Magasin encyclopéd.*, 1805, t. iv, p. 375. — Collé fit une chanson dans ce goût qu'il appela *Romance espagnole*. V. son *Théâtre de Société*, t iii, p. 90.

(4) Ce fut longtemps l'instrument à la mode.

(5) V. sur ces bouquetières espagnoles, le *Roman comique*. Édit. V. Fournel, t. i, p. 253.

(6) *Passa calle*, on l'appelait ainsi parce qu'elle se dansait sur un air des rues. Fr. Michel, *Études sur l'argot*, p. 306.

(7) C'est la danse qu'Anne d'Autriche fit danser au cardinal de Richelieu en habit de cavalier, castagnettes aux doigts et sonnettes d'argent aux jarretières. *Mémoires de Brienne*, 1828, in-8°, t. i, p. 275. V. aussi le *Virgile travesti*, édit. V. Fournel, p. 30, note.

(8) L'air resté populaire avait eu pour type celui qui, dès le xiiᵉ siècle, se chantait en Provence et en Auvergne : *Fai le lou legne blu, panturla*.

temps où il chantait sur la guitare les airs, qui furent à peu près tout ee qu'il sut en musique, et où il dansait chez sa mère les *Folies d'Espagne*, lui fut toujours particulièrement agréable. Même au plus beau moment de sa majesté, il ne fallait que ce souvenir pour le remettre en danse : « Mademoiselle Dubut, écrit Galand dans son journal *inédit* (1), que j'entendis jouer du luth, chez M. Le Hay, me dit qu'un jour que M. Dubut se trouvait devant le roi, qui était seul avec madame de Montespan, le roi lui demanda s'il ne savait pas les *Folies d'Espagne*, et que M. Dubut lui en joua une trentaine de couplets de sa façon; et que le roi dansa sur cet air avec une grande grâce, si longtemps que madame de Montespan, qui vit que Sa Majesté s'échauffait beaucoup, fut obligée de l'en avertir. »

Le peuple se raillait de tous ces emprunts faits à l'Espagne, et cherchait un ridicule où les gens de cour trouvaient une mode. Il en faisait volontiers des *pasquils* et des chansons.

En 1603, lorsque le connétable de Castille, Don Pèdre de Manriquez, se rendant en Flandre, était passé par Paris, avec un attirail des plus fanfarons (2), les Parisiens n'avaient pas eu contre lui et son orgueilleux équipage assez de gorges chaudes (3). Chacun à sa manière, et suivant son rire, donnait une variante moqueuse à ce vers de Régnier en sa dixième satire (4) :

> Si don Pèdre est venu, qu'il s'en peut retourner.

Ces railleries étaient de bonne mise alors, car, tant que vécut le Béarnais, l'Espagne ne fut pas chez nous trop bien en cour. Quand le vent eut tourné sous le règne suivant, et, grâce à la nouvelle reine, fut devenu favorable aux Espagnols autant qu'il l'était peu auparavant, le peuple ne continua pas moins de rire. On admirait en haut, on se moquait en bas. Les chansons surtout faisaient rage. Je ne citerai qu'un couplet de l'une de celles qui coururent alors le mieux Paris. Il est plat, mais curieux (5) :

> Bien que l'on ait changé nos pas
> En des démarches espagnoles,
> Des Castillans nous n'avons pas
> Les humeurs et les paroles :
> Et ceux, qui comme nous, sont vaillants et courtois,
> Ne sauroient être que Françoys.

D'autres fois on procédait par la parodie. Le peuple, en faisant singer par ses

---

(1) *Nouv. revue encyclopéd.*, mars 1847, p. 486.

(2) Mathieu, *Histoire de Henri IV*, t. ii, fol. 292; *Mémoires* de Sully, 2e part., ch xxviii.

(3) V. pour un pamphlet contre lui, *Bibliothèque de l'École des chartes*, 2e série t. i, p. 344, 357.

(4) Édit. de Brossette, 1730, in-8°, p. 146.

(5) *La Comédie de chansons*, 1640, in-12, p. 141.

bouffons les manières des Espagnols, prouvait qu'il n'en subissait pas le joug. Dans la *Comédie de Chansons*, que je viens de citer, on voit La Roze, le farceur de la bande, qui vient chanter « en touchant sa guytare, des paroles ridicules, en dérision de la chanson espagnole : *Camynay mis suspiros* (1). » Ce goût de raillerie gagnant même la cour, à certaines heures, pour y refaire à l'esprit un peu d'indépendance, il y eut chez le cardinal et même chez le roi, quelques pièces jouées et quelques ballets dansés, où des imitations faites par moquerie, nous vengeaient un peu de celles que nous nous étions laissé trop sérieusement imposer. Le *grand ballet de la douairière de Billebahaut*, dansé au Louvre pendant le carnaval de 1626, fut une de ces revanches par la parodie. *Maitre Galimathias* y jouait le rôle des beaux parleurs d'Espagne, de ces *habladores*, de qui nous est venu le mot *hableur*, qui les peints si bien avec leur forfanterie d'allure et de langage. La douairière était une imitation grotesque des duègnes d'Espagne, et pour finir il y avait un concert ridicule de grenadins « joueurs de guitterre. »

La parodie survécut à la mode, dont elle était la vengeance. Aujourd'hui encore, il nous en reste un débris moqueur, c'est Polichinelle. Regardez-le bien, avec son habit, qui n'a rien du costume du *Pulcinella* d'Italie ; et dans son haut chapeau à bord retroussé par devant, dans son pourpoint aux proéminences rembourrées, qui lui forment une double bosse, vous reconnaîtrez l'habillement complet de l'Espagnol, du temps de Henri IV. N'a-t-il pas aussi son long nez, à courbure busquée et son menton en avant ! Ce n'est pas tout, écoutez ce qu'il chante, sur un air qui, depuis lors, n'a pas varié d'une note, et lui-même vous dira, en style de matamore qu'il est un capitan d'Espagne :

> Je suis le fameux Mignolet,
> Général des Espagnolets.
> Quand je marche la terre tremble ;
> C'est moi qui conduis le soleil,
> Et je ne crois pas qu'en ce monde
> On puisse trouver mon pareil (2)

Cet Espagnol marionnette aurait dû suffire à la raillerie du peuple, elle ne s'en contenta pas. En outre de Polichinelle, elle accoutra d'habits castillans singes et chiens savants, dansant par les rues. « En ce pays-là, dit Cyrano (3), — et ce pays est le nôtre, — ils habillent, par hasard, les singes à l'espagnole. »

Ce que notre humeur et nos mœurs ont d'incompatibles avec celles d'Espagne, s'accusait suffisamment par ces parodies. Un *pasquil* du temps l'ac-

(1) *Comédie de chansons*, p. 115-116.
(2) Ch. Magnin, *Histoire des Marionnettes*, 1852, in-8°, p. 123-129.
(3) *Histoire comique*, anc. édit., p. 58.

centua plus vivement encore (1). C'est un assez piquant parallèle, dont nous détacherons quelques traits, où ressort le mieux la différence de nos habitudes vives et faciles, avec la morgue à l'empois et le dédain gourmé des Espagnols de ce temps-là :

« Le François, pour faire signe à quelqu'un de venir à lui, hausse la main et la ramène vers le visage; l'Espagnol, pour le même sujet, hausse la sienne et la rabat vers les pieds; — le François donne, par civilité, le haut du pavé; l'Espagnol donne le dessous; — le François sort le dernier de sa maison; l'Espagnol y entre et en sort le premier; — le François demande l'aumône avec soumission; l'Espagnol la demande avec une sorte de gravité qui ressemble beaucoup à de l'arrogance; — le François réduit à la pauvreté, vend tout, hormis sa chemise; la chemise est la première chose dont l'Espagnol se défait; gardant la fraise, l'épée, le manteau jusqu'à l'extrémité. »

L'inoculation du langage espagnol, si je puis m'exprimer ainsi, s'opéra plus difficilement encore que le mélange des mœurs et des usages. Le Français alors était presque formé; c'était un tronc déjà trop robuste et trop nerveux de maturité, pour permettre d'y greffer aisément des branches étrangères. Nous comptions déjà plus d'un grand écrivain. La lecture de leurs œuvres, soutenue de l'usage, avait fait voir que pour toutes les exigences du style notre langue était suffisante et son vocabulaire complet.

On n'emprunta donc aux Espagnols qu'un petit nombre de mots, qui, presque tous, comme ceux d'*hablador* et de *bizarro*, cités tout à l'heure, furent même pris dans une acception de parodie qui en faisait moins un emprunt qu'une moquerie encore. Mais ce qu'ils nous prêtèrent bien réellement, ce furent la forme et les allures de leur style. L'empire d'une vogue est si grand, qu'on les leur prit, sans s'inquiéter si l'impatiente vivacité de notre esprit pourrait s'en accommoder, et si ce mélange de pompe sonore et hautaine, de circonlocutions hasardées, de fadeurs obséquieuses (2), d'ornements prétentieux, de sentences gourmées, d'inventions fortes et de pensées à l'énergie forcée qui distinguaient alors le style espagnol, étaient compatibles avec la simplicité spirituelle et le naturel plein de clarté du génie français.

Ainsi, se glissèrent toutes brandies, dans notre littérature ces phrases qui durent une page, ces périodes, longues comme une brette de Castille, qui donnent tant de raideur au style des Mémoires de madame de Motteville, enflent si démesurément les Lettres de Balzac et glacent de leurs lenteurs essoufflées les plus gracieux tableaux du roman de l'*Astrée*.

Les rodomontades de Cyrano et les facéties de Scarron sont aussi de cette veine, les unes pour le style, les autres pour l'invention.

Thomas Corneille en relève d'une façon plus directe encore, puisque ses

(1) Il se trouve en partie dans l'*Élite de bons mots*, 1731, in-12, t. i, p. 103.

(2) La formule de politesse galante : *Je me mets à vos pieds*, est, par exemple, de celles qui nous vinrent d'Espagne. *Lettres* de madame de Villars, p. 4.

quinze volumes de drames sont presque entièrement empruntés aux *imbro-glios* d'Espagne. On sait de reste que l'auteur du *Cid*, de *Don Sanche* et du *Menteur*, ne fut pas le dernier à subir le même joug, mais cela de telle sorte qu'il s'en fit plutôt une parure qu'un fardeau. Lancé par M. de Chalon sur cette voie de l'imitation à la mode, il n'eut souvent, comme le lui dit Claveret « qu'à choisir dans ce beau bouquet de jasmin d'Espagne, qu'on lui avoit apporté dedans son cabinet même. »

Quant à Molière, il n'emprunta pas moins à la même littérature, quoique d'une façon plus cachée. Il n'est pas douteux qu'il sut l'espagnol comme toute personne un peu lettrée de ce temps-là. Sans nul doute même a-t-il écrit, comme on l'a dit ici (1), et, qui plus est, joué dans cette langue. Les troupes errantes, du genre de celles dont il fit si longtemps partie, donnaient, en effet, dans les provinces des représentations de pièces espagnoles (2). Puisque c'était l'usage, il dut s'y soumettre, et d'autant mieux que ses excursions prolongées dans nos contrées du Midi, l'avaient rapproché davantage de la frontière d'Espagne.

Sa première manière, où l'imbroglio domine la comédie, où le bouffon prévaut sur le sérieux, est un emprunt mi-partie, pour lequel il fit contribuer presque également la littérature italienne et l'espagnole. C'est à elles que notre théâtre, depuis longtemps assombri par le règne exclusif de la tragédie, que tempéraient à peine quelques farces et quelques chansons, avait dû un premier retour de gaieté. Comment Molière n'aurait-il pas couru où l'amusement reparaissait ainsi, où le rire se remettait en branle ? N'ayant pour ainsi dire pas de devanciers directs chez nous, trouvant trop éloignés nos bouffons du moyen âge et trop orduriers ceux de son temps, il avait pris ce que les deux littératures les plus voisines et les plus propres à se naturaliser chez nous, malgré quelques antipathies de détail, lui mettaient sous la main pour retremper la farce française et l'ennoblir sans l'attrister.

Un voyageur hollandais, qui vint à Paris en 1657. dit, dans la relation qu'il fit de son séjour, à propos d'une comédie dans l'ancienne manière : « C'est une pièce qui est fort vieille et qui n'est pas si divertissante que les nouvelles ; aussi le sujet en est grave et sérieux, et il n'y a point de ces personnages gays et bouffons qu'on entremelle à présent en toutes les pièces à l'imitation des Italiens et des Espagnols (3). » Molière n'avait encore rien fait pour Paris, et ce n'est par conséquent pas de ses comédies que notre Hollandais pouvait parler, mais s'il eût vu l'*Etourdi* et le *Dépit amoureux*, qui se jouaient en province depuis quelques années, il n'eût pas dit autre chose. Ces pièces sont toutes deux, en effet, dans cette manière à l'italienne et à

____

(1) V. notre livraison du 15 avril dernier, et plus bas, une note à la fin de cet article.

(2) *Histoire de Barry, de Filandre et Alison*, p. 150.

(3) *Journal d'un voyage à Paris*. en 1657-1658, publié par P. Faugère, 1862, in-8°, p. 185.

l'espagnole, dont la gaieté l'a ravie chez Boisrobert, Quinault et Scarron, et qui, chez Molière, l'eût sans doute enchanté bien plus encore.

On a vingt fois fait voir ce que le théâtre italien a fourni d'incidents pour le *Dépit* et de ressorts pour l'*Étourdi*, mais en ne montrant pas du même coup par quels coins le théâtre espagnol s'y est aussi glissé, l'on n'a fait qu'une révélation incomplète. Molière prenait des deux mains, il s'inspirait à droite et à gauche. Oublier l'Espagne dans ce qu'il a fait, c'est oublier la moitié de ses sources, toute une face de son inspiration, tout un côté du manteau à deux nuances de Mascarille et de Gros René.

Dans l'*Étourdi*, par exemple, auprès de ce que lui prête l'Italie, vous trouvez l'épisode d'André, que lui fournit l'Espagne. Il l'a pris dans la nouvelle de Cervantes, la *Gitanilla de Madrid*, dont Solis avait fait une comédie. Pour le *Dépit*, son emprunt n'a été que d'une scène, inspirée plutôt que prêtée par *El perro del hortelano*, de Lope de Vega.

Dans l'*École des Maris*, qu'il fit à Paris et pour laquelle il n'abdiqua pas ces habitudes d'inspiration, déjà si visibles en ses pièces de province, il ne mit pas moins de trois comédies espagnoles à contribution. On y trouve confondues des imitations de la pièce de Lope, la *Discreta enamorada* (1); de celle de Moreto, *No puede ser guardar una muger*, et surtout de celle d'Antonio de Mendoza, *El trato muda costumbre ò El Marido hace muger* (2).

L'*École des femmes* doit une de ses plus amusantes scènes à la *Maison à deux portes* de Calderon, imbroglio charmant où se trouvent, plus qu'ailleurs encore, les qualités du poëte, si délicatement appréciées par M. Damas-Hinard : « Les comédies de Calderon, malgré la richesse et la variété des ornements, sont toutes, comme ces palais arabes qu'on voit encore en Espagne, d'une architecture légère, aérienne, et pour ainsi dire transparente. »

Le *Don Garcie* procède d'une comédie héroïque, qui porte le même nom, dans le théâtre espagnol, *Don Garcia de Navarra*. Tout le plan des *Fâcheux* est pris d'un intermède des comédiens d'Espagne. La *Princesse d'Elide*, qui ne compte pas parmi ses meilleures pièces, est une copie affaiblie du chef-d'œuvre de Morato, *El desden con el desden*. Il y a dans les *Femmes savantes*, du moins pour la partie amoureuse des rôles d'Henriette, de Clitandre et d'Armande, quelques traces légères de la comédie de Calderon, *No hay burlas con el amor*, et quelques autres moins indécises de la pièce de Fernando de Zarate, la *Presumida y la hermosa*. Lope de Vega, avec sa pièce *El Acero de Madrid*, où l'on voit une jeune

---

(1) *Les frères Parfaict*, t. viii, p. 22.

(2) V. au sujet de ces imitations, la curieuse esquisse de M. Ed. Brinckmeyer sur la littérature espagnole, *Abriss einer documentirten...* Leipzig, 1844. in-8°, et un article de M. L. Viardot dans la *Revue des Deux-Mondes*, 15 mai 1833, p. 455-456.

fille, malade par feinte d'amour, avoir pour complice de sa ruse un valet bouffon, affublé en docteur et latinisant d'une façon burlesque, a prêté ce qu'il fallait à Molière pour remanier en comédie sa vieille farce du *Fagoteux*, et en faire le *Médecin malgré lui*. Quant au *Don Juan*, il est inutile de dire que le *Convidado de Piedra*, de Tirso de Molina, en est le fond, exploité alors par tous les théâtres de Paris, mais dont il ne sortit un chef-d'œuvre que sous la main de Molière.

Dans ses autres pièces, si l'imitation espagnole ne domine pas, elle pointe encore. Ainsi, dans le *Misanthrope*, la chute du sonnet d'Oronte:

> Belle Philis, on désespère…

est un emprunt fait à deux vers de la pièce de Tirso (1); dans *Pourceaugnac*, les *matassins*, qui dansent en jouant de l'épée, ne font que reprendre l'exercice des *matachines* espagnols, en leur *dansa de espada* (2). Enfin, dans le *Mariage forcé*, l'Espagne se glissait encore par une sarabande avec ballet, c'est-à-dire tout à fait dans le goût de la *dansa hablada*, si fort en vogue au-delà des Pyrénées (3). Ce divertissement qui se mêlait à l'*entrée des Bohémiens*, n'a été retrouvé que ces jours derniers, dans un manuscrit de la Bibliothèque impériale (4), en voici quelques paroles:

> Flore se plaît aux baisers du zéphyre,
> Et ces oiseaux se baisent tour à tour.
> Rien que d'amour entre eux on ne soupire :
> Si tu voulais m'accorder ton amour.
> Ils suivent tous l'ardeur qui les inspire ·
> Si tu voulais imiter leur amour !

Quoique *Don Quichotte* fût de son temps fort à la mode, et que chacun s'empressât de le traduire ou de l'imiter (5), Molière ne semble pas en avoir rien tiré. Il se contenta de jouer dans quelques-unes des pièces dont ce livre en faveur avait fourni le sujet, et qui, s'il fallait en croire le *Catalogue de la bibliothèque de M. de Soleinne* (6), ne s'élevaient pas alors à moins de trente. Celles qu'il choisit dans le nombre sont, je crois, d'abord l'une des trois parties du *Don Quichotte* de Guérin du Bouscal, jouées au Marais, de 1638 à 1641 (7), par la Béjard, qui en reprit la dernière pour le théâtre de

(1) Hipp. Lucas, *Journal de l'Instruction publique*, août 1864.
(2) Du Méril, *Histoire de la Comédie*, 1864, in-8°, p. 86.
(3) *Don Quichotte*, trad. de L. Viardot, 1re édit., in-12, t. iii, p. 238.
(4) *Correspondance littéraire*, 25 août 1864.
(5) Scarron lui-même dut le traduire. V. une curieuse note de M. V. Cousin dans son livre sur *Madame de Sablé*, p. 404.
(6) T. i, 1re part., p. 221.
(7) C'est à tort qu'on a dit que ces pièces avaient été jouées à l'hôtel de Bourgogne.

Molière, après l'avoir *raccommodée*(1) ; puis la farce, beaucoup moins connue de son ami l'avocat Fourcroy, intitulée *Sancho Pança*.

C'est dans une des pièces de la *trilogie* de du Bouscal que lui arriva l'aventure de l'âne et de Laforêt, sa servante, trop souvent racontée depuis Grimarest pour que nous la répétions ici (2). Cette pièce, nous l'avons dit, était la dernière des trois. La seconde, qu'il joua peut-être aussi, lui prêta un trait excellent pour son *Bourgeois gentilhomme*. Le Sancho de du Bouscal, se disputant avec sa femme, au sujet du mariage de leur fille, pour laquelle ses prétentions étaient grandes, depuis que l'île de Barataria l'avait pour roi, s'écriait :

> N'en parlons plus, suffit, elle sera comtesse,
> Et si vous me fâchez elle sera princesse.

M. Jourdain, son écho en prose, répète : « Ne me répliquez pas davantage, ma fille sera marquise, et si vous me mettez en colère, je la ferai duchesse. »,

Molière semble avoir aimé ce personnage de Sancho, dont le bon sens en effet devait plaire au sien, et la franchise s'allier bien à sa franchise. Fourcroy, son ami, crut donc bien faire en dérogeant assez à ses graves fonctions d'avocat pour lui tailler dans *Don Quichotte* une comédie de plus, avec le bon Pança pour héros. C'est la moins connue de toutes celles où il figure, mais on ne peut douter qu'elle n'ait été faite, car Aubert a positivement dit, dans la *Bibliothèque de Richelet* (3) : « M. de Senecé m'a assuré que le même avocat Fourcroy avait fait une mauvaise comédie intitulée *Sancho Pança*, dont il avait puisé le fond dans Don Quichotte. » Le *Registre*, de la Grange confirme l'existence de la pièce, et implicitement son peu de mérite. On ne l'y trouve en effet mentionnée qu'une fois, et sans même qu'il soit fait mention de l'auteur. On lit : « Samedy, 5 juillet (1659), *Sanche Panse :* 320 livres. » Triste recette ! aussi la pièce ne reparut-elle plus. Senecé avait eu raison de dire qu'elle ne valait rien.

Pour se former à ses imitations de l'espagnol, auxquelles *Don Quichotte* aurait dû ne pas échapper, car il s'en fût plus habilement inspiré, sans doute, que du Bouscal ou Fourcroy, Molière n'avait pas seulement lu les pièces que nous envoyait l'Espagne, et dont quelques exemplaires se retrouvèrent à sa mort dans sa bibliothèque (4), il les avait vu jouer presque toutes, et cela

V. le *Journal manuscrit du Théâtre-Français*, à la Bibliothèque impériale, t. ii, p. 754 et suivantes.

(1) C'est l'expression même du *Registre* de la Grange.

(2) M. A. Martin, dans ses notes sur Grimaret, *Œuvres* de Molière, t. i, p. 51, pense que la scène de l'âne dut se passer dans une représentation du *Gouvernement de Sancho*, 3ᵉ partie de la trilogie de du Bouscal.

(3) *Dict. de la Langue françoise*, par Richelet, 1728, in-fol., t i, p. lviii.

(4) Eud. Soulié, *Recherches sur Molière*, 1863, in-8º, p. 269.

2

presque sur son théâtre même. Des comédiens, en effet, qui étaient venus d'Espagne avec la reine Marie-Thérèse, firent alterner pendant assez longtemps leurs représentations avec les siennes, sur les théâtres de Saint-Germain et de Versailles.

Ce n'étaient pas les premiers qui eussent ainsi passé les Pyrénées et poussé jusqu'à Paris. Sous Henri IV, malgré l'impopularité de tout ce qui rappelait l'Espagne et son installation violente pendant la Ligue, il en était venu une troupe, dont la seule trace fut une bien triste tragédie.

Écoutons le Journal de l'Estoille du mois d'août 1604 : « Le lundi 2 de ce mois, se voyoit en l'abbaye de Saint-Germain des Prés une belle jeune femme morte et noyée, âgée de vingt-deux ans ou environ, laquelle ayant esté peschée vers la Grenouillère y avoit été apportée le matin. Elle avoit une grosse pierre au col, une autre aux jambes, un coup de poignard à la gorge et quelques autres coups. Chacun y accouroit pour la voir et reconnoistre, tant qu'enfin sur le soir elle fut recognüe pour une Espagnole comédienne accoustrée de cette façon, ainsi qu'on disoit, par deux Espagnols aussy comédiens, avec lesquels avoit dès longtemps privée et familière cognoissance et auxquels elle s'estoit descouverte de quelques bagues et argent qu'elle avoit, qui furent cause de sa mort.

» Les meurtriers enfin furent pris et le fait avéré, le lundi 12 de ce mois par arrêt de la Cour, confirmatif de la sentence du baillif de Saint-Germain furent les dits deux Espagnols roués vis-à-vis de la Grenouillère, où ils avoient noyé leur Espagnole. Lequel meurtre toutefois il ne fut possible de leur faire confesser qu'à la mort, et ce sous la promesse qu'on leur fist qu'ils ne seroient point roués vifs comme portoit leur arrêt: ce qui fut exécuté. »

Quelle était la troupe de comédiens d'Espagne, qui fut diminuée de trois de ses sujets d'une si tragique manière ? C'est ce qu'il est difficile de dire. Je croirais toutefois volontiers que c'était celle de l'Italien Ganasa, qui, après avoir couru l'Espagne pendant une partie du règne de Philippe II, avec une compagnie mêlée de gens de son pays, d'Espagnols et d'Anglais (1), devait se trouver à Paris à cette date. C'est en effet un an après, en 1605, que Vauquelin de la Fresnaye, parlant dans sa satire à Claude de Sanzé des farceurs qui ont fait le plus de bruit dans ces derniers temps, cite :

> Le bon Ganasse et les comédiens
> De Tabarin (2)...

Il avait créé un type grotesque auquel son nom, un peu altéré, avait été

(1) V. à ce sujet un excellent travail de M. H. Ternaux sur le théâtre espagnol, dans la *Revue française et étrangère*, t. I, p. 72, note.
(2) *Poésies* de Vauquelin de la Fresnaye. Caen, 1605, in-8°, p. 402.

donné, on l'appelait le comte de Guenesche (1). Il fut longtemps populaire; notre mot *ganache* en est un débris. Ce qui me donnerait encore plus à penser que la troupe des deux Espagnols assassins était de la compagnie mélangée et polyglotte de Ganasa, c'est qu'à cette époque même, des comédiens anglais, comme ceux qu'il s'était associés en Espagne, donnèrent des représentations à la cour.

Plus favorisés en leur qualité d'Anglais que les Espagnols, alors nos ennemis, le roi les avait fait venir à Fontainebleau, et plusieurs fois en septembre et en octobre 1604, ils avaient joué devant lui et le Dauphin, qui, suivant plusieurs passages du *journal* Mss. du médecin Hérouard, récemment retrouvés par le sagace M. Eudore Soulié (2), avait mis grande attention à suivre leurs pièces terribles, les plus sanglantes peut-être du répertoire de Shakespeare.

Quelques années se passèrent avant qu'on vît revenir à Paris des comédiens espagnols. Enfin, dans l'automne de l'année 1613, il en arriva une troupe qui s'établit dans un jeu de paume du faubourg Saint-Germain, mais n'y fit pas fortune : « Je viens, écrit Malherbe à Peirese, le 27 octobre (3), je viens tout à l'heure de la comédie des Espagnols, qui ont aujourd'hui commencé à jouer à la porte Saint-Germain, dans le faubourg ; ils ont fait merveilles en sottises et impertinences, et il n'y a eu personne qui n'en soit revenu avec mal de tête. » Le mois suivant, les Espagnols continuant de jouer et d'ennuyer, Malherbe écrit encore à son ami (4) : « Les Espagnols ne plaisent à personne; ils jouent au faubourg Saint-Germain, mais ils ne gagnent pas le louage du jeu de paume où ils jouent. » Après cela personne n'en parle plus.

Cinq ans après, d'autres reviennent, dont l'effet est plus faible encore. Sans Bassompierre, qui, sous la date de 1618, écrit dans ses *Mémoires :* « Nous eûmes les comédiens espagnols cet hiver-là, » on ne saurait rien de leur passage.

Ce qui nuisait à ces troupes, c'est que la langue qu'elles parlaient n'était pas encore à la cour, et surtout à Paris, aussi familière qu'elle le devint vers la fin de Louis XIII et sous Louis XIV, grâce aux deux reines Anne et Marie-Thérèse d'Autriche. Fort peu de personnes étaient aussi bien que la spirituelle madame de Neufvic, en état de les comprendre (5), et beaucoup eussent fait comme cette dame dont parle Tallemant (6), qui, une fois que ces comédiens jouèrent au Louvre, « la pria sérieusement de l'avertir quand il faudrait rire. »

(1) V. nos *Variétés hist. et littér.*, t. i, p. 220.
(2) *L'Intermédiaire.* Juin 1864. p. 85.
(3) *Œuvres* de Malherbe, édit. L. Lalanne, t. iii, p. 350.
(4) *Id.*, p. 358.
(5) Tallemant des Réaux, édit. P. Paris, t. i, p. 8.
(6) *Id.*, t. vii, p. 525.

Quelques années après la Fronde, quand le mariage du jeune Louis XIV avec une infante parut devoir être le ciment prochain d'une paix avec l'Espagne, ce pays reprenant quelque popularité chez nous, des comédiens se hatardèrent encore à venir. Au commencement de 1660, peu de temps après le succès des *Précieuses ridicules*, une troupe castillane donnait des représentations à la foire Saint-Germain, de compagnie avec une troupe hollandaise, car les comédiens espagnols aimaient volontiers, à ce qu'il paraît, à se mêler avec d'autres. Pour mieux se préparer un succès, cette troupe, mi-partie, s'était payé la dépense d'un poëte dont les œuvres seraient pour elle seule. Celui qu'elle choisit avait malheureusement passé l'âge de la fécondité : c'était le vieux Bois-Robert, qui pouvait bien manger encore en bons soupers l'argent de ces comédiens, mais qui était tout à fait hors d'état de le bien gagner : « Le voilà, lit-on dans la *Boscorobertine*, cette satire si curieuse qui fut alors faite contre lui (1); le voilà donc associé avec une troupe espagnole et hollandoise arrivée depuis peu pour le divertissement de la foire Saint-Germain; mais je suys assuré qu'ils débourseront plus qu'ils ne gaigneront à entretenir nostre poëte, car si l'on ne luy faict bonne chère, il est stupide. »

Il mangea beaucoup, ne fit rien et ne tarda pas à mourir.

Ces comédiens espagnols de la foire Saint-Germain n'étaient que d'avant-garde La vraie troupe qui devait pour longtemps prendre pied chez nous ne tarda pas à venir. Un mois après le mariage du roi à Saint-Jean de Luz, ils arrivèrent devançant Leurs Majestés. On les connaissait pour les avoir vus jouer sur la frontière, pendant les fêtes du mariage, et leurs pièces n'avaient plu que faiblement : « Ils dansoient et chantoient entre les actes, dit mademoiselle de Montpensier, et s'habilloient en ermites et en religieux, faisoient des enterrements et profanoient beaucoup les mystères de la religion. Aussi, bien des gens en furent scandalisés. » Ils avaient quelquefois joué les pièces que nos poëtes avaient imitées et pour beaucoup de gens, notamment pour le poëte Montreuil (2), ils avaient prouvé ainsi que l'imitation surpassait l'original. Le *Menteur* espagnol ne lui avait semblé rien après celui de Corneille.

Leurs danses et leurs chants les sauvèrent. Écoutez plutôt ce qu'en dit Loret, dans sa *Gazette rimée*, du 24 juin 1660, c'est-à-dire fort peu de jours après leur arrivée.

> Une grande troupe, en famille,
> De comédiens de Castille
> Se sont établis à Paris,
> Séjour des jeux, danses et ris
> Pour considérer leurs manières,
> J'allai voir leurs pièces premières,

(1) *Recueil mss.* de la Biblioth. impériale, n° 15,244, p. 273, v°.
(2) V. ses *Œuvres*, p. 371.

> Donnant à leur portier tout franc
> La somme d'un bel écu blanc.
> Je n'entendis pas leurs paroles ;
> Mais, tant Espagnols qu'Espagnoles,
> Tant comiques que sérieux,
> Firent chacun, tout de leur mieux,
> Et quelques-uns par excellence,
> A juger selon l'apparence.
>
> Ils chantent et dansent ballets,
> Tantôt graves, tantôt follets ;
> Leurs danses ne sont pas fort belles,
> Mais paraissent spirituelles ;
> Leurs *sarabandes* et leurs pas
> Ont de la grâce et des appas.
> Comme nouveaux, ils divertissent,
> Et leurs castagnettes ravissent.

Plus loin, notre gazetier rimeur raconte de même, avec une précision qui le dispense de poésie, comment les comédiens de Paris, ceux de Molière et ceux de l'hôtel de Bourgogne, loin d'être jaloux de la troupe espagnole, lui donnèrent splendidement à dîner.

Comme elle était venue par ordre du roi, et qu'elle fut tant qu'elle demeura en France « entretenue par la Reyne, » suivant le dire de Chapuzeau (1), cette compagnie pouvait passer pour troupe royale. Aussi joua-t-elle alternativement sur le théâtre de l'hôtel de Bourgogne, avec celle qui portait ce titre chez nous. Elle n'en fut pas moins en fréquents rapports avec Molière dont le théâtre était le rival de celui-là. Ainsi que nous l'avons dit les représentations à la cour les rapprochaient. Elles étaient fréquentes.

Je n'en citerai que trois, celle du mois de novembre 1660, qui fut donnée à Vincennes, avec plus de succès pour Molière que pour ses rivaux d'Espagne (2) ; celle du *grand ballet*, donnée en février 1667, à laquelle prirent part les quatre troupes, c'est-à-dire les deux françaises, l'italienne et l'espagnole (3), et surtout la représentation du *ballet des Muses*, qui avait eu lieu l'année d'auparavant, et pour laquelle fut composée cette *mascarade espagnole*, qu'une de nos précédentes livraisons vous a fait connaître : « La troisième scène, dit le *Livret* (4), est d'une mascarade qu'Ariste a fait préparer pour le bal, composée d'une danse d'Espagnols et d'Espagnoles, dont une partie danse au son des instruments et l'autre danse au chant de deux dialogues. » Le roi n'avait pas dédaigné de se mêler à la partie dansée de

(1) *Le Théâtre-François*, 1674, in-12, p. 213-214.
(2) Loret, 20 nov. 1660.
(3) *Id.*, 19 fév. 1667.
(4) *Le Ballet des Muses*, 1666, in-4°, p. 25.

cette mascarade, et de figurer ainsi avec les chanteurs, danseurs et joueurs de guitare, dont voici les noms :

« *Espagnols qui chantent en dansant* : Joseph de Prado, Augustin Manuel, Simon Aguado, Marcos Garces. — *Espagnoles qui chantent en dansant* : Francisca Vezon, Maria de Anaya, Maria de Valdes, Jeronima de Olmedo ; — *Espagnols qui jouent de la harpe et des guitares* : Juan Navarro, Joseph de Læsia, Pedro Vasques. »

Prado, nommé ici le premier, y avait droit comme chef de la troupe. C'était un des bons comédiens de l'Espagne, où il n'avait même alors de vrai rival que le fameux Alonzo d'Olmédo (1). Son ami, le poëte Antonio de Solis (2), lui avait fait dire, de lui-même, dans une annonce *(loa)* qu'il débita peut-être à Paris, suivant M. de Puibusque (3) : « Prado veut vous offrir ses humbles services, Prado, dont la voix et l'action ont donné la vie à tant de vers, et dans le cœur duquel il n'y a pas de poésie qui ne trouve une âme! »

Simon Aguado, plus modeste, cumulait avec son emploi de chanteur-danseur, celui de caissier de la compagnie. C'est lui qui touchait des mains de M. d'Aligre, conseiller de S. M. et tresorier des menus plaisirs, les sommes que le roi allouait comme subvention à ses comédiens espagnols, et dont voici le détail, pour chaque mois, pendant une année (4) :

« A Simon Aguado, un des comédiens de la troupe espagnole entretenue par Sa Majesté, tant pour luy que pour ses compagnons, savoir, 1,500 livres pour leur entretenement pendant le mois de janvier 1663, cy.   1,500 livres

» 810 livres pour neuf comédies qu'ils ont représentées devant sa dite Majesté, cy. . . . .   810 —

» Et 630 livres pour le louage de leur logement pendant le-dict moys, cy. . . . .   630 —

» Total pour le mois de janvier 1863. . .   2,940 livres
» Février (9 représentations). . . . .   2,940 —
» Mars (entretien et logement). . . . .   2,130 —

» On n'a pas joué à cause du carême.

» Avril (6 représentations). . . . .   2,670 —
» May (4 représentations). . . . .   2,490 —
Juin (7 représentations). . . . .   2,760 —
» Juillet (9 représentations). . . . .   2,940 —

A reporter . . . .   18,870 livres

---

(1) Pellicer, *Origen de las Comedias*, 1804, in-8°, t. ii, p. 39.

(2) A. de Solis, *Poesias varias*, 1692, in-12, p. 320.

(3) *Hist. comp. des littér. franç. et espagn.*, 1843, in-8°, t. ii, 458.

(4) Ce compte n'a été donné, d'après un registre des archives, que par M. Alphonse Royer, à la fin de sa traduction de Tirso de Molina.

Report.	18,870 livres
» Aoust (8 représentations).	2,850 —
» Septembre (8 représentations).	2,850 —
» Octobre (6 représentations).	2,670 —
» Novembre (2 représentations).	2,310 —
» Décembre (5 représentations).	2,580 —
» Total pour l'année 1663.	32,130 livres

La somme n'est pas forte pour une troupe qui sans doute ne se composait pas seulement des onze comédiens nommés tout à l'heure. Mais quelle qu'elle fût, cette subvention était nécessaire, indispensable ; les pauvres Espagnols ne faisaient pas leurs frais (1). On les allait voir jouer par mode, jamais par plaisir. Il était de bon ton de faire de l'empressement à leurs représentations, surtout quand elles se donnaient chez la reine (2), comme le jour où cette affairée de Madame de Marans se fit tant moquer d'elle (3) ; mais on n'y riait que sur commande, et il n'y avait de sincère que les bâillements étouffés derrière l'éventail. Le roi lui-même était loin de s'en amuser. Sauf quelques mascarades, comme celle de tout à l'heure, où il se mêlait volontiers à cette troupe d'Espagne, il aimait mieux la payer que l'aller voir. Il faisait cette dépense pour plaire à la reine et aussi par gloire et forfanterie comme beaucoup d'autres. Il aimait à pouvoir dire que bien qu'étant en guerre avec le roi d'Espagne, il avait à ses gages les meilleurs comédiens espagnols, et les payait mieux que Philippe ne payait ses soldats. Perrault raconte à ce sujet une assez piquante anecdote. « Il arriva dans le même temps, écrit-il sous la date de 1672 (4), une chose qui me fit bien du plaisir. Le courrier qui portoit le paquet de M. de Colbert, pour lors en Flandre auprès du roy, fut arrêté par les ennemis. Entre plusieurs ordonnances pour le bâtiment du roy, qui montoient à de grandes sommes, il s'en trouva une pour le payement du second quartier des gages des comédiens espagnols. Quelle mine faisoit, je vous prie, le général de l'armée ennemie, en voyant ses soldats presque nus pendant que le prince qu'il avoit à combattre faisoit payer des comédiens espagnols qu'il n'avoit retenus que pour la satisfaction de la reine, et à condition de ne leur voir jamais jouer la comédie ? »

Prado et sa troupe se lassèrent à la fin de n'avoir de recette que celle de la subvention royale, et de ne rien gagner par eux-mêmes. La honte les prit comme devant une aumône : ils décampèrent. Leur orgueil, tout castillan

---

(1) Mervesein, *Hist. de Littérature française*, p. 239.

(2) Puibusque, *Hist. comp. des Littératures espagnole et française*, 1843, in-8°, t. I, p. 220.

(3) *Lettre* de madame Sévigné, du 11 nov. 1671.

(4) *Dialogue des anciens et des modernes*, dialogue XI°.

qu'il fût, ne s'était pas hâté d'être susceptible sur ce point, il faut en convenir. Il y avait en effet plus de douze ans qu'ils étaient en France et qu'ils n'y gagnaient rien : arrivés au mois de juillet 1660, ils ne partirent qu'au printemps de 1673, peu de temps après la mort de Molière (1).

Que devinrent-ils? Prado perdit sa femme, cette belle et touchante Barbara Ramirez dont Antonio de Solis lui avait fait dire dans sa *Loa* : « Lorsqu'elle chante, on est sûr qu'elle ravit tous ceux qui l'entendent, et ce que je puis assurer, c'est qu'elle pleure encore mieux, et qu'il est impossible de n'être pas attendri. » Inconsolable de cette perte, le comédien se fit moine en 1675, puis prêtre, et mourut dix ans après en se rendant à Rome (2). La meilleure comédienne de sa troupe, Francisca Beson ou Vezon, revenue assez vieille de Paris, où elle avait passé onze ans, épousa le danseur Vicente de Olmédo, et vécut jusqu'en 1703, toute à la piété et aux bonnes œuvres. Depuis 1656, elle était sœur de la confrérie de Notre-Dame de la Neuvaine (3).

Ainsi le directeur mourut prêtre, et la principale actrice sœur de charité. Voilà bien des comédiens d'Espagne !

ÉDOUARD FOURNIER.

(1) Chapuzeau, le *Théâtre-François*, 1674, in-12, p. 214. — Ils avaient encore paru à Chambord, le 14 octobre 1670, dans le *Divertissement* du 5e acte du *Bourgeois gentilhomme*, dont la *troisième entrée* se compose de trois Espagnols chantant et de six dansant. Ce divertissement devint, au mois de juin 1672, le *prologue* de l'opéra de Lulli, joué au jeu de paume du *Bel-Air*, sous ce titre : les *Festes de l'Amour et de Bacchus*. Or, dans une note des *mss.* de M. de Trallage, qui se rapporte à cette pièce composite, faite presque en entier avec des *divertissements* de Molière : celui du *Bourgeois gentilhomme* pour le prologue, celui des *Amants magnifiques* pour le premier acte ; la *Pastorale comique* pour le second, et le divertissement de *Georges Dandin* pour le troisième, le tout raccordé par Quinault; nous trouvons ce détail curieux et tout à fait sans réplique pour ceux qui douteraient encore que Molière sût l'espagnol et l'italien : « Les vers sont de M. Quinault et de Molière, la musique de M. Lully. — *Les vers espagnols sont de Molière; — les vers italiens sont de Molière et de Lully.* »

(2) Pellicer, *Origen de las Comedias*, 1804, in-8o, t. II, p. 39.

(3) *Id.*, p. 57.

Paris. — Imprimerie Parisienne. — Dupray de la Mahérie, boulevard Bonne-Nouvelle, 26; (impasse des Filles-Dieu, 5.) 947